AF204867

WAS ICH DIR WÜNSCHE ZUR

KONFIRMATION

Pattloch

EUER HERZ
SOLL SICH FREUEN,
UND EURE FREUDE
SOLL NIEMAND
VON EUCH NEHMEN.

JOHANNES 16,22

DER GLAUBE IST DER ANFANG ALLER GUTEN WERKE.

MARTIN LUTHER

JEDER MENSCH
IST ETWAS NEUES,
ETWAS, WAS IMMER NUR EINMAL
AUF DER WEITEN WELT DA IST,
UND AUS JEDEM MENSCHEN
KANN ETWAS GANZ BESONDERES,
GANZ ÜBERRASCHENDES,
GANZ EIGENES WERDEN.

CHRISTIAN MORGENSTERN

WERDE, WAS DU
NOCH NICHT BIST,
BLEIBE, WAS DU
JETZT SCHON BIST:
IN DIESEM BLEIBEN
UND DIESEM WERDEN
LIEGT ALLES SCHÖNE
HIER AUF ERDEN.

FRANZ GRILLPARZER

EIN NEUES LEBEN
KANNST DU NICHT ANFANGEN,
ABER TÄGLICH EINEN NEUEN TAG.

HENRY DAVID THOREAU

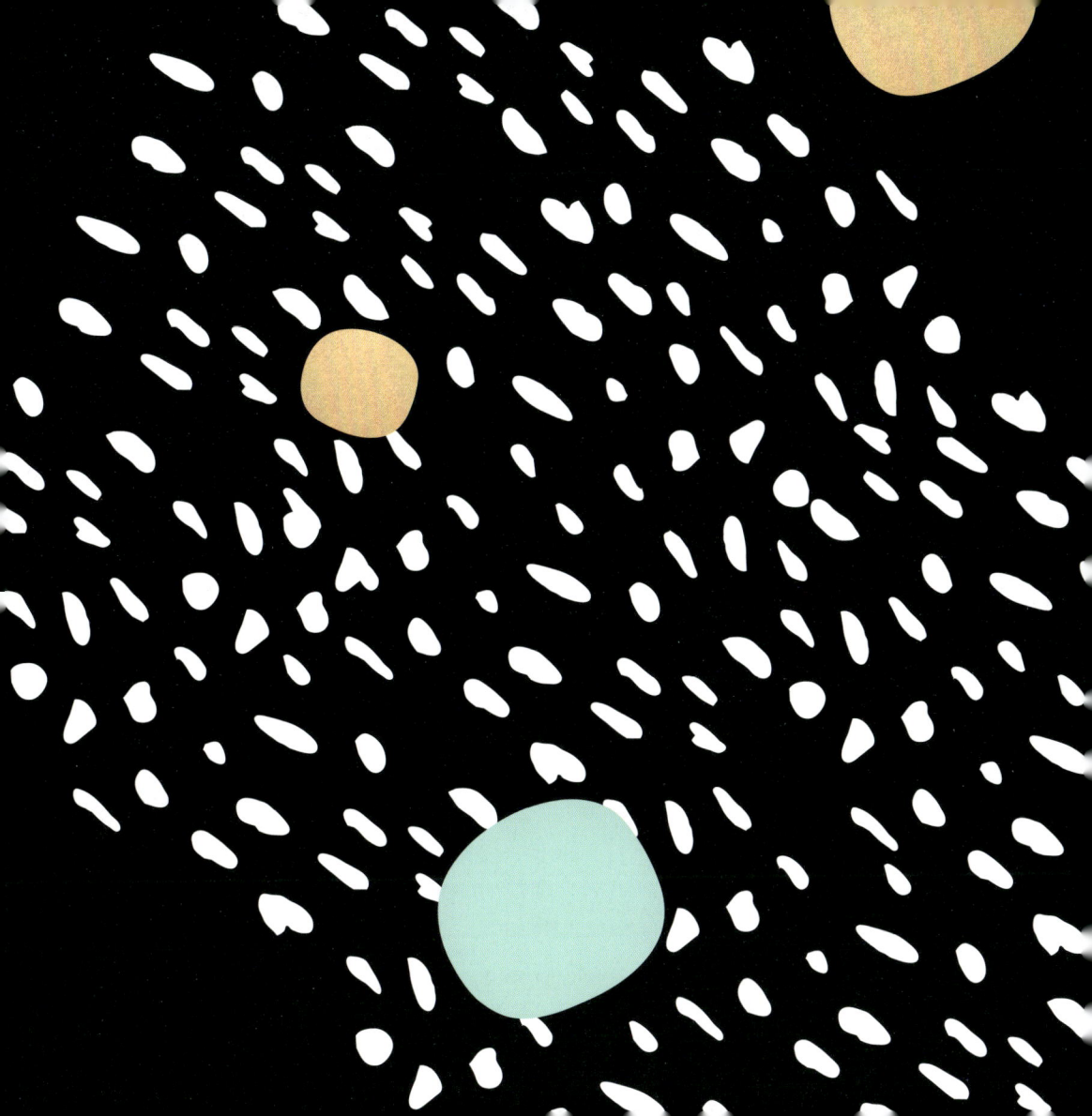

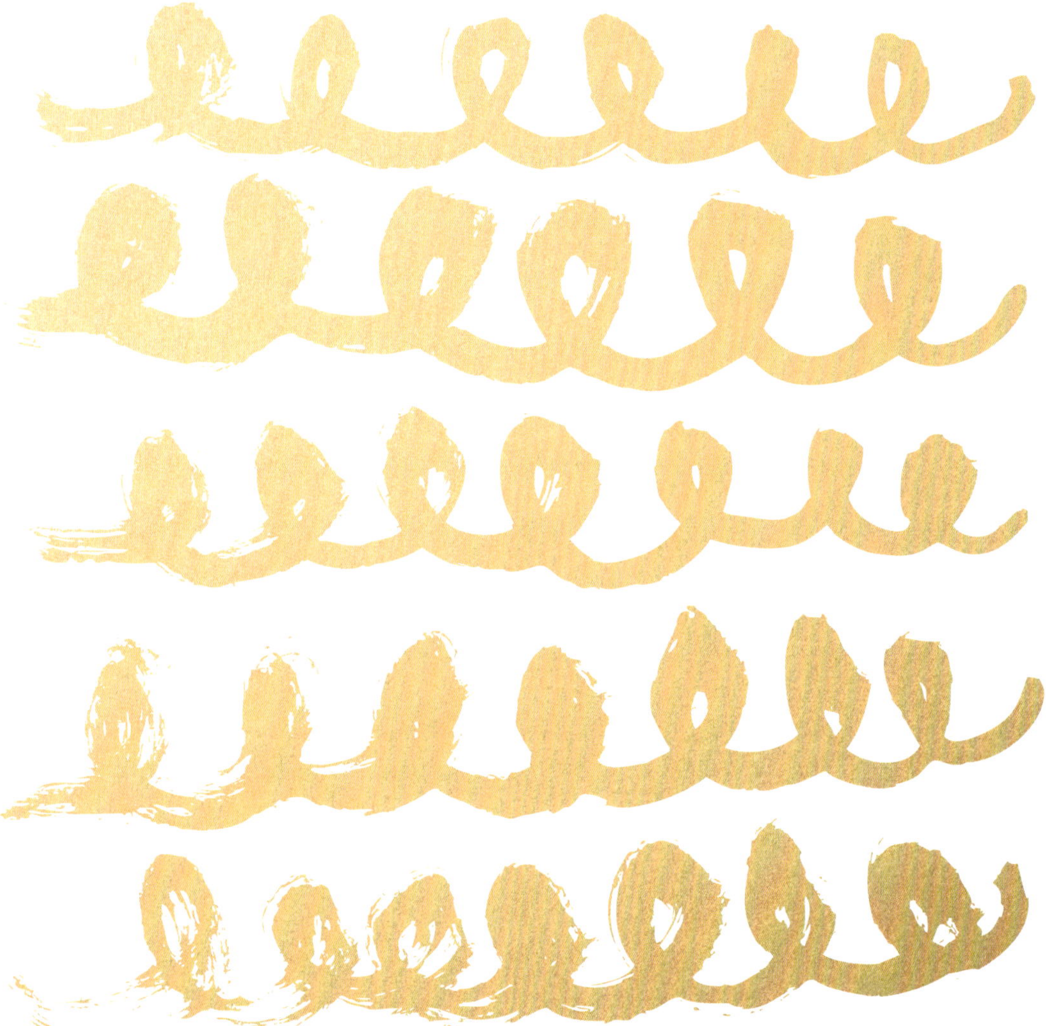

SIEHE,
ICH BIN BEI EUCH
ALLE TAGE BIS
AN DER WELT ENDE.

MATTHÄUS 28,20

WIR KÖNNEN GOTT MIT DEM VERSTANDE SUCHEN, ABER FINDEN KÖNNEN WIR IHN NUR MIT DEM HERZEN.

JOSZEF EÖTVÖS

DIES ÜBER ALLES:
SEI DIR
SELBER TREU.
UND DARAUS FOLGT,
SO WIE DIE NACHT DEM TAGE,
DU KANNST
NICHT FALSCH
SEIN
GEGEN IRGENDWEN.

WILLIAM SHAKESPEARE

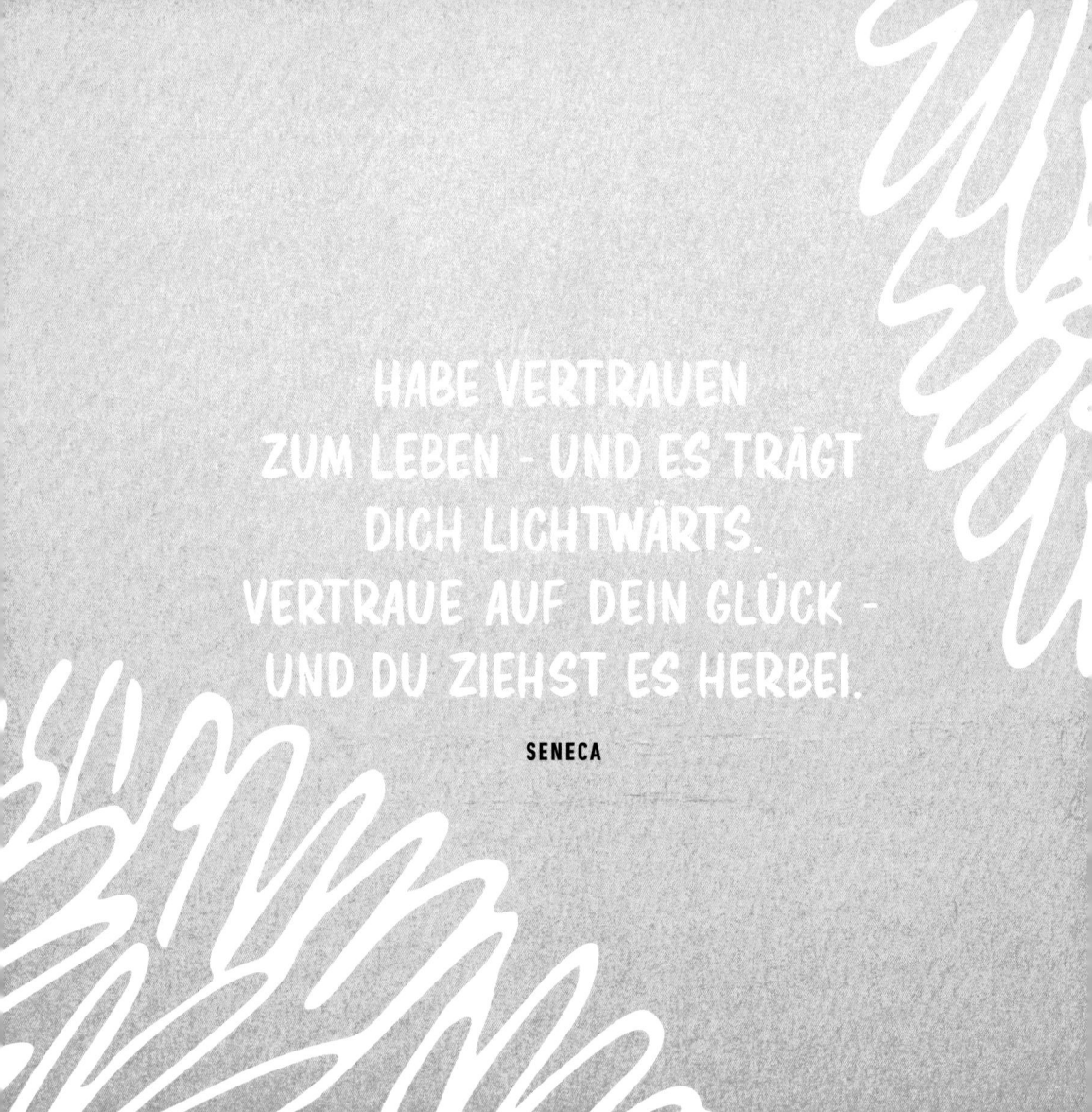

HABE VERTRAUEN
ZUM LEBEN – UND ES TRÄGT
DICH LICHTWÄRTS.
VERTRAUE AUF DEIN GLÜCK –
UND DU ZIEHST ES HERBEI.

SENECA

DENN ER
HAT SEINEN
ENGELN
BEFOHLEN, DASS SIE
DICH
BEHÜTEN
AUF ALLEN
DEINEN
WEGEN.

PSALM 91,11

ICH VERMAG
ALLES DURCH DEN,
DER MICH
MÄCHTIG MACHT.

PHILIPPER 4,13

ER ERFÜLLE
DIE
WÜNSCHE
DEINES HERZENS
UND LASSE
ALLE DEINE
PLÄNE
GELINGEN!

PSALM 20,5

GOTT FÜHRT UNS FREUNDLICH DURCH DIESE ZEITEN, ABER VOR ALLEM FÜHRT ER UNS ZU SICH.

DIETRICH BONHOEFFER

ABER DIE AUF DEN HERRN HARREN,
KRIEGEN NEUE KRAFT,
DASS SIE AUFFAHREN
MIT FLÜGELN WIE ADLER,

DASS SIE LAUFEN
UND NICHT MATT WERDEN,
DASS SIE WANDELN
UND NICHT MÜDE WERDEN.

JESAJA 40,31

BETEN IST FÜR MICH WIE DAS GESPRÄCH
MIT EINEM FREUND, MIT DEM ICH OFT UND
GERN ALLEIN ZUSAMMENKOMME,
UM MIT IHM ZU REDEN, WEIL ICH SICHER BIN,
DASS ER MICH LIEBT.

TERESA VON ÁVILA

UND SIEHE,
ICH BIN MIT DIR
UND WILL
DICH
BEHÜTEN,
WO DU HINZIEHST.

1. MOSE 28,15

WANDELT **ALS KINDER** DES LICHTS; DIE FRUCHT **DES LICHTS** IST LAUTER **GÜTE** UND GERECHTIGKEIT UND **WAHRHEIT.**

EPHESER 5,8–9

GEBET
IST DAS
ATEMHOLEN
DER SEELE.

JOHN HENRY NEWMAN

VON
ALLEN SEITEN
UMGIBST DU MICH
UND HÄLTST
DEINE HAND ÜBER MIR.

PSALM 139,5

Bildnachweis:
Cover: Nicole Pfeiffer, Hamburg; Lera Efremova/Shutterstock.com
Innenteil: DigitalVision Vectors/Getty Images: S. 7 Ajwad Creative/, S. 11
Vectorios 2016/, S. 14, 15, 22, 23, 35 Ajwad Creative/, S. 30, 34, 35 marabird/;
S. 5, 6, 7, 8, 11, 15, 16, 19, 20, 22, 23, 24, 26, 29, 30, 32, 33, 34, 35, 36, 39,
40, 43 Katsumi Murouchi/Moment/Getty Images; Shutterstock.com: S. 8, 12, 16,
19, 20, 26, 27, 29, 36, 39 Lera Efremova, S. 24, 40, 43 nubenamo; S. 8, 12, 29,
Nicole Pfeiffer, Hamburg

Alle Rechte vorbehalten.
Das Werk darf – auch teilweise –
nur mit Genehmigung des Verlages wiedergegeben werden.

© 2022 Pattloch Verlag.
Ein Imprint der Verlagsgruppe Droemer Knaur GmbH & Co. KG, München
Gesamtgestaltung: Nicole Pfeiffer, Hamburg
Projektleitung: Annett Katrin Graf
Gesamtherstellung: Grafisches Centrum Cuno GmbH & Co. KG, Calbe
ISBN 978-3-629-00438-3
www.geschnenkverlage.de
2 4 5 3